WinWay WebMarketing

présente

100 SUGGESTIONS SEO POUR OPTIMISER VOTRE SITE OU BLOG

Clause de non-responsabilité

Cet e-book a été écrit pour fournir des informations sur l'auto-amélioration. Tous les efforts ont été faits pour rendre cet ebook aussi complet et précis que possible. Cependant, il peut y avoir des erreurs de typographie ou de contenu. En outre, ce livre électronique ne fournit des informations sur l'auto-amélioration que jusqu'à la date de publication. Par conséquent, cet ebook devrait être utilisé comme un guide - pas comme la source ultime d'information sur l'hébergement Web.

Le but de cet ebook est d'éduquer. L'auteur et l'éditeur ne garantissent pas que l'information contenue dans ce livre électronique soit complète et ne peuvent être tenus responsables pour des erreurs ou omissions. L'auteur et l'éditeur n'ont aucune responsabilité envers toute personne ou entité en ce qui concerne les pertes ou dommages causés ou prétendument causés directement ou indirectement par ce livre électronique.

Cet ebook est l'exclusivité du diffuseur WinWay.

Table des matières

Introduction 3

Suggestions en or pour créer du trafic en SEO................................... 5

Suggestions pour un meilleur référencement par les réseaux sociaux.......... 9

Suggestions pour la création de trafic Web-marketing ………..……………… 11

Paiement Par Clique (PPC) astuces pour générer des visites……………...... 16

Suggestions pour générer du trafic grâce aux blogs et forums…..………….. 21

Astuces supplémentaires sur la génération de trafic ………………………. 23

L'étape du Revamping et de l'Outsite pour générer un trafic concret..…….. 28

Conclusion…………………………………………………………………..31

Introduction

Dans ce monde d'aujourd'hui **hyper-connecté**, de plus en plus de gens se tournent vers Internet pour tout et n'importe quoi. En fait, Internet est la principale source d'information pour faire des achats, pour faire des recherches, pour discuter avec des amis, pour se tenir au courant des rumeurs sur les célébrités, pour acheter des produits de consommation, pour regarder les nouvelles et pour s'informer sur le monde en général. C'est pourquoi le World Wide Web est considéré comme une **mine d'or technologique** et commerciale pour son Webmarketing.

Peu importe ce que vous voulez faire avec le Net, il y a une possibilité d'engranger beaucoup d'argents. Parce qu'Internet est un phénomène mondial, de plus en plus de spécialistes du marketing et d'entrepreneurs découvrent chaque jour le **potentiel du trafic**. Ce que nous entendons par trafic c'est le volume de personnes qui visitent votre site Web. Chaque fois que quelqu'un clique sur votre site web, c'est du trafic vers votre site.

Tu veux une comparaison ? Dans le monde réel, l'équivalent serait une recherche dans une boutique. Chaque fois que quelqu'un parcourt ta **boutique en ligne**, il y a de meilleures chances qu'il achète quelque chose. Cette recherche grâce à une application d'analyse, peut être considérée comme du trafic réel.

Les générateurs de trafic web peuvent être un site personnel, un site d'entreprise, un blog ou un réseau social. Les avantages de ce trafic sont doubles, tout d'abord, si vous êtes propriétaire d'une entreprise, plus vous dirigez de trafic vers votre site, plus de probabilité que les gens achètent votre produit ou adhèrent à votre service.

En double, si vous faites partie d'un **programme d'affiliation** ou d'adhésion à un site Web ou l'utilisation d'un logiciel, vous pouvez être payé chaque fois que quelqu'un clique sur votre lien à partir du **paiement par clique ou action** ou d'autres programmes de marketing Web.

Ça a l'air **intéressant**, n'est-ce pas ?

Et, par conséquent, le cyberespace est encore plus compétitif pour se faire remarquer que dans la vie réelle. De plus en plus de gens utilisent le net pour se faire connaître et diffuser leurs services à ceux qui pourraient être intéressés. Cependant, **Internet** est si gigantesque qu'il est facile de se perdre dans son trafic.

C'est là qu'interviennent nos **100 conseils** pour créer du trafic. En utilisant certains trucs et astuces du métier, il est plus facile de se faire remarquer dans la toile et de ne pas se perdre dans les bits de Google.

Revenons à la comparaison de la boutique au monde réel. Dans un centre commercial, les responsables de magasins veulent constamment des emplacements de qualité, habituellement près des entrées et des restaurants et fastfoods où la circulation augmente chaque jour.

C'est le **même concept** que sur internet. Comme vous n'avez pas d'emplacement défini, vous pouvez user de simples conseils de **génération** de trafic pour placer votre enseigne vers ceux qui s'intéressent à votre produit et marchandise.

Pensez ainsi : Si votre site Web est destiné à ceux qui aiment le **Baseball**, dans le cyberespace, il est possible de déplacer votre site Web juste à côté d'un terrain de Baseball virtuel.

Si votre site Web est dédié aux mères essayant de **perdre du poids**, votre site Web peut réellement être placé dans le même Cyber-emplacement qu'une salle de sport ou un gymnase, ou un shop pour bébé.

C'est peut-être compliqué à comprendre, mais il faut s'extraire des sentiers battus de votre connexion et entrer dans le monde extravagant du cyberespace. Et nous n'avons que des **conseils en or** pour vous aider à y arriver.

En fait, nous en avons 100 ! Du trafic sur les réseaux sociaux au marketing PPC (paiement par clique), du référencement SEO au blog, nous avons les astuces qui peuvent produire le trafic qu'il vous faut.

Par contre nous te conseillons, de faire des recherches complémentaires sur du vocabulaire que tu ne comprends pas ou si tu veux élargir tes connaissances sur les logiciels, adresses web et plateformes à visiter !

Alors adhérez à cette solution web et découvrez comment gagner du trafic pour ton site avec ces 100 suggestions.

Suggestions en or pour créer du trafic en SEO

Le positionnement sur les moteurs de recherche (SEO) est la porte d'entrée pour générer du trafic dit « naturel ». Les deux sont indissociables. Le SEO veut dire *Search Engine Optimization*, on comprend donc que c'est la recherche par le biais d'un moteur et son optimisation, mais gratuitement, uniquement par le positionnement de mots-clés.

Vous pouvez aussi vous positionner sur la première page de Google mais par un référencement, payant, par le biais de Google Ads. Cette stratégie n'est pas conseillé pour prospérer sur le long terme contrairement au SEO, lui gratuit.

Afin de gagner du trafic sur votre site, vos articles, vos publicités et votre site doivent tous être référencés. Donc, quand il s'agit de référencement, veillez à cibler tout ce qui se rapporte à cet important concept.

Essentiellement, il y a trois bases au référencement : *mots-clés, liens et contenu.* Considérer le mot-clé, le lien et le contenu, comme les trois mousquetaires du SEO.

Gardez ces éléments en tête pour tous vos textes et contenus afin d'assurer le maximum de résultats de génération de trafic.

Voici les 10 premières suggestions pour ton trafic SEO :

1. Optez pour les bonnes expressions de mots-clés - au lieu de créer des mots autour des articles, façonnez vos articles autour des mots. Ciblez votre contenu autour des mots-clés ou d'idées de niche. Afin de trouver un objectif bien défini Ensuite articulez votre écrit autour de ces phrases et mots clés. Cela peut sembler un concept bizarre, mais dès que votre cerveau s'y habitue, l'écriture se fait naturellement et sans calcul.

2. Utilisez les mots-clés dans votre site Web, dans vos publicités - utilisez des mots-clés dans vos titres, vos sous-titres et dans vos liens. Si vous le

pouvez, utilisez même votre mot-clé dans votre URL, vous serez mieux référencé. Allez sur le site Ubersuggest, ensuite taper le mot clé que vous désirez insérer dans votre article, titre…

Regardez le volume de recherche par mois, en dessous de 1000 par mois, ce n'est pas très intéressant, à part si c'est un **mot clé de longue traine**. Puis observez la concurrence au-dessus d'un indice de 35, il sera difficile de référencer votre site aux premiers rangs.

3. Les Liens retours (**Backlinks**) en fait, c'est une bonne idée, surtout si ces sites sont très respectés et informatifs avec une autorité de domaine élevée **DA** et avec un bon trust flow **TF**. Les sites avec .edu et .gov sont souvent les meilleurs parce qu'ils représentent une source très officielle et étatique et Google va se dire, si ton adresse web est citée par ces sites, c'est que tu es aussi important.

4. Un lien interne vers un contenu qui provient de votre site, les liens n'ont pas besoin d'être seulement certains mots mais aussi être des titres de vos articles, vos produits.

Les gens sont automatiquement attirés vers les liens par curiosité, alors profitez-en et faites ressortir votre contenu. Cela contribuera aussi à structurer ton site.

5. Utilisez des ancres pour vos liens - Assurez-vous que le contenu de votre lien comporte votre mot-clé. Les liens avec ancres se distinguent sur les sites Web et la plupart des gens cliqueront par leur biais, surtout si votre phrase de mot-clé est dirigée vers un intérêt ou un sujet lié à une niche.

6. Ajoutez souvent du nouveau contenu - vous devez le faire pour assurer le succès de votre SEO ! On ne le dira jamais assez. *Le contenu est Roi*, c'est lui qui participera ou non à l'essor de votre site. Alors assurez-vous que votre contenu est attrayant et accrocheur, à jour et très informatif. Il faut que le lecteur se dit : " Waww j'ai appris des trucs " et non " Merde encore les mêmes choses qui reviennent ! "

7. Soyez perspicace - Utilisez des balises HTML gras et italiques dans vos textes et d'autres balises HTML comme les balises H1 et H2 et la balise title pour mettre en exergue votre site Web.

8. Utilisez Alt Image- Le titre d'une image vaut mille mots, surtout sur le net. Google et ses robots ne savant pas encore lire les images, mais les images sont très prisées par Google en fin 2019. Mettez donc des attributs alt sur vos images pour permettre l'indexation dans les moteurs de recherche. Gardez à l'esprit que les images sont recherchées autant que le contenu, notamment grâce à Google Image !

9. Définissez un plan pour votre site - Le plan est le meilleur moyen de naviguer dans votre site et il doit être soumis à Google en fichier XML dans la console Search de Google. Le plan du site généré par des applications comme **Yoast SEO** sur Wordpress, il aide les robots des moteurs de recherche à indexer chaque page de votre site Web en seulement un clic.

Vous aurez de meilleurs résultats dans les moteurs de recherche pour toutes vos pages Web. Assurez-vous par contre de lier toutes les pages entre elles par le biais de liens internes et fils d'Ariane pour avoir les meilleurs résultats de référencement.

10. Suivez les règles de SEO et respecter son règlement. Vous devez saisir la légalité du référencement pour ne pas être exclu et chassé des moteurs de recherche. Alors, comment tu fais ceci ?

Parallèlement à tous les conseils que je te donne dans cet ebook, il faut que tu fasses des recherches. Prends un peu de ton temps et passes en revue les bases du référencement.

Lis des articles sur le SEO, comprends les choses à faire et à ne pas faire lors du référencement ce qui est essentiel quand il s'agit de générer du trafic. Car des outils de régulation propres à Google comme **Penguin ou Panda** peuvent te pénaliser en cas de non-respect de certaines règles comme le fait de copier un texte qui n'est pas le tien ou mettre des liens retours de mauvaise qualité et en excès. Ecrire des articles de mauvaise qualité, va vous sanctionné par **Panda 4.1**.

Suggestions pour un meilleur référencement par les réseaux sociaux

Internet est une toile constituée de câbles qui sont des liens de réseautage et d'adresses sous formes d'IP. C'est certes, un monde virtuel, mais il est constitué de réseaux, qui comprennent des tchats pour discuter, des pages de diffusions de contenus, comme tes vidéos, tes articles, tes pensées aussi et opinions par Facebook par exemple. C'est un créneau essentiel pour générer des cliques et des visites, ne l'oublies jamais !

Alors pourquoi ne pas profiter de cette aubaine fournie par les médias sociaux pour cibler votre niche. Voici quelques-uns des meilleurs conseils en matière de circulation et visites sur les médias sociaux.

11. Distinguez-vous : Pénétrez dans le vif du sujet en lançant votre nouveau site, ou votre nouveau contenu sur des sites de partage. De nombreux sites de « marque-page social », « navigation sociale » tels que ***Digg, Reddit, Quora*** et ***Netscape, Medium***, sont consultés quotidiennement et constituent un endroit idéal pour commencer vos débuts dans la génération de trafic. Par exemple, allez sur Quora, posez des questions et répondez à d'autres, en y insérant de manière subtile et intelligente votre adresse web.

12. Profitez des annonces gratuites sur : **Gum Tree** qui est un excellent site pour faire remarquer votre nouveau site Web. Gum Tree est un espace publicitaire gratuit où vous pouvez diffuser votre site web, sans argent !

13. Créer des comptes : commencez à créer autant de comptes de réseautage social que vous pouvez. Le réseautage social est un moyen de mettre au jour votre produit ou service. Configurez une page ***MySpace, Facebook, Yahoo*** et ***Linkedin, Twitter***. Demandez à vos amis de vous ajouter, tisser des liens, rejoignez les **groupes Facebook** et inscrivez-vous dans des pages liées à vos centres d'intérêt.

14. Utilisez **StumbleUpon**- Proposez votre site à Stumble Upon et demandez à vos amis de vous rejoindre aussi.

15. Créez un **groupe Yahoo** - Fomentez un groupe Yahoo dans votre domaine d'intérêt. Il est presque sûr que d'autres membres de ce groupe s'intéresseront à votre site Web et découvriront ce que vous avez à offrir.

16. Écrivez des tweets avec **Twitter**- Tweeter. C'est une nouvelle révolution dans les médias sociaux qui associe les messages texte à Internet. Cela peut sembler un peu contraignant, mais c'est une bonne façon de faire de la publicité pour votre site Web. Faites-vous suivre et envoyez un tweet accompagné d'un lien (produit ou article).

17. Contribuer aux forums - une des façons la plus intelligente d'utiliser les médias sociaux en votre faveur est de participer aux forums sur le sujet qui vous intéresse. Comme dans le site **Doctissimo** ou le Forum **Musculation** ou **60 millions de consommateurs**. Inclure un lien vers votre site Web après avoir donné des conseils sincères et probants. Cependant, assurez-vous que vos liens soient en **Dofollow** c'est plus intéressant pour les moteurs de Google !

Soyez subtils et ne spammez pas, pensez aux autres.

18. Inscrivez-vous sur des sites pertinents et selon vos niches - il y a des sites de réseautage social pour tout le monde. Pour les **baby-boomers**, les **photographes** passionnés, les amateurs de **jeux vidéo** comme **Twitch**, les fans

de Cinéma, les amoureux de Twilight, Blacklist et tous les autres séries et films du monde. Votre passion commune vous aidera à propulser votre site en diffusant des liens provenant de vos articles ou produits que ce soit en vente direct, dropshipping ou affiliation.

Montrez votre intérêt en participant aux discussions, débats et mettez des commentaires, vous allez attirer le regard et l'attention des autres.

19.   Ajoutez la fonction " **Partagez avec vos amis** ", utilisez cette fonction sur votre site web. Positionnez-le, après vos articles pour pousser vos lecteurs à partager ces textes qui leur ont plu avec leur proche ou des passionnés comme eux. Partages sur *Facebook, Twitter* ou même par **e-mail** !

Suggestions pour la création de trafic Web-marketing

L'une des meilleures façons d'attirer votre audience de niche sur votre site est de les cibler grâce aux articles que vous allez diffuser. Le Web-marketing par les articles est une façon pertinente d'utiliser vos mots-clés pour générer du trafic. Essentiellement, vous ou des rédacteurs payés par vous-même, pouvez écrire sur un sujet qui s'adresse à votre site, un sujet lié à votre niche, qui contiendra des mots clés.

Mais aussi des liens d'affiliation Amazon par exemple, des liens vers des vidéos que vous aurez diffusées sur votre chaîne **Youtube**...

Lorsque vos articles ciblent des personnes spécifiques et que vos contenus sont pertinents, nouveaux, non copiés ou répétitifs, alors dans ce cas, vous aurez des visites, à condition que votre niche soit non concurrentielle et que vos articles soient attractifs.

En effet, il est très important de savoir, et j'insiste, sur le fait que la niche (secteur lié à votre produit ou contenu) est l'étape la plus cruciale, elle ne doit pas être concurrentielle, ses mots clé doivent être sous un indice de 35, ce qu'on appelle **la difficulté SEO** !

Ne vous basez pas sur un seul mot pour définir une niche mais sur un ensemble de mots corrélés sur un axe principal. Et faîtes la différence entre un mot clé informatif et un mot clé de vente, c'est totalement différent. Une personne peut se renseigné sur la testostérone sans pour autant vouloir acheter un booster de testostérone. Méfiez-vous de cette nuance !

21. Écrivez quelque chose qui repose sur des *informations scientifiques, médicales* ou autre, n'écrivez point uniquement pour écrire, car ce genre de texte peuvent vous propulser dans les premiers rangs de Google, mais à long terme, les lecteurs vont vous rejeter et la conséquence sera une rétrogradation de la part de Google.

22. Utilisez des mots-clés, non concurrentiels avec un indice entre 0 et 35 pour espérer vous placer facilement. Puis observer le volume de recherche, par un logiciel comme **KWFinder** ou **Ubersuggest ou keywordtool.io ou Google trends**, respecter un seuil 1 000 recherches par mois.

Un petit volume de recherche peut être pertinent pour un **mot clé de longue traine**, une demande bien spécifique, à laquelle vous allez répondre.

 Essayer de placer les meilleurs mots clés, selon les critères cités, dans votre site de manière redondante pour que votre site soit bien référencé. Vos mots clé ne doivent pas dépasser 5% de votre texte, sinon, cette exagération causera votre pénalité par Google.

23. Méfiez-vous d'être sur des listes noires - Par exemple, les annuaires de marketing d'article connaissent la **puissance du mot-clé** et pour cette raison ils ont la technologie pour être sûr que les spécialistes du marketing ne sont pas simplement des remplisseurs de mots clés sans structure d'un texte, comme l'usage du **Cloaking** (regarder sur google sa signification). Si vous utilisez trop de mots-clés, vous pourriez être exclu du répertoire des articles et vos articles ne seront pas validés.

24. Ne faites pas de publicité excessive- Informez - l'objectif principal de votre article est d'aiguiller vos prospects vers votre site Web ; cependant, vous pouvez le faire en prouvant que vous savez réellement quel sujet vous abordez et avez une ligne directrice à faire passer. Personne ne veut être pris dans un piège markéting. Nous recevons suffisamment de publicité par e-mail, sur les sites, sur Youtube, merci beaucoup.

25. Ne copier pas - il est tentant de simplement taper votre mot-clé et de recopier des articles similaires pris sur d'autre sites de niche. Ne faites surtout pas ça. Tout d'abord, c'est illégal. Deuxièmement, vous n'apportez rien de nouveau à vos lecteurs et, par conséquent, votre site Web sera pénalisé par Google Penguin pour le **duplicate content**.

26. Prouvez que vous êtes un expert dans votre domaine - vous devez le démontrer par vos mots et par votre ligne bio. Après l'article, vous pourrez ajouter une section " *à propos de l'auteur* " ce qui permettra aux lecteurs de savoir que vous maitrisez votre sujet. Agrémenter vos articles avec des informations insolites et fournies.

27. Méfiez-vous du jargon spécifique. Si vous devez écrire un article sur la diététique, éviter de citer des termes compliqués et scientifiques ou médicales, à part si vous simplifiez le langage, car votre site n'est pas spécialisé ou réservé à des spécialistes. Mais votre site s'adresse à tout le monde et aux novices mais passionnés donc soyez large et ne compliquez pas votre langage.

28. Soyez **éloquent**. Dans le domaine du marketing d'articles, vous devez vous assurer que vos articles sont bien écrits. Si ce n'est pas le cas, alors vous n'aurez pas de succès avec l'article marketing. Il y a énormément d'entreprises de référencement, de rédaction de contenu Web qui ont la logistique et l'expérience nécessaire pour vous concurrencez sur la toile.

N'hésitez pas à avoir recours à des **rédacteurs professionnels** pour diffuser de bons articles, rendez-vous sur *redacteur.com* ou *5euros.com*.

29.   Ne mettez pas le lien de vos produits qu'à la fin de l'article mais tout au long car le passage le plus décisif et le plus lu est au début, beaucoup ne vont pas jusqu'au bout du texte à part si cet écrit est envoutant et très, très intéressant ! Les premières lignes de votre texte seront les plus décisives pour les lecteurs, il faut qu'ils soient captés par une bonne formulation et une belle image.

30.   Utilisez des exemples concrets et des situations réelles - Rendez votre écriture plus plausible. Réfléchissez comme votre public lorsque vous écrivez les articles et vous aurez une meilleure probabilité de les convaincre de cliquer sur les liens de votre site Web.

31.   Utiliser l'Humour - lire quelque chose d'humoristique sur le Web est un divertissement, notion qui attire le plus sur Youtube par exemple. Si vous pouvez être drôle dans vos articles, alors soyez-le !

32.   Choisissez le style de la première personne, cela rajoutera du lien et de la proximité avec le lecteur, il se mettra à votre place et le message se transmettra plus aisément.

33. Usez de la bonne formule dans le choix de votre titre, afin qu'il soit mieux répertorié dans les résultats de Google, n'écrivez pas : " Le complément pour nettoyer son foie " mais dites plutôt : " *Les cinq raisons pour nettoyer son foie avec ce complément* ", la notion de top et les chiffres, attirent plus le lecteur.

34.   Ne négligez point les sous-titres dans vos articles, de surcroît si ils sont en gras, cela permettra au lecteur de repérer le plan de l'article mais aussi au robot de Google, respecter bien, la structure Hn : H1, H2... Dans le sous-titre, variez les mots clés et ne répétez pas le titre principal.

35.   Utilisez la puissance des listes à puces - les listes numérotées et les listes à puces sont des outils qui captent immédiatement l'attention. Comme

mentionné ci-dessus, la plupart des gens vont simplement parcourir l'article pour trouver des informations intéressantes. Les listes à puces et numérotées peuvent attirer les lecteurs et rendre votre contenu plus facile à lire et donc plus attrayant.

36. Agrémenter votre texte d'images, si vous le pouvez - si vous êtes en mesure de les intégrer à votre article, alors faites-le. Assurez-vous que l'image soit relative à l'information de l'article. Par exemple, si vous traitez des meilleurs massages pour votre site Web de massothérapie, la photo d'une femme se faisant masser le cou est un excellent outil visuel.

37. Mixer la taille de vos paragraphes - les paragraphes courts et longs capteront l'attention du lecteur. Personne ne veut contempler un article et voir 6 paragraphes parfaitement façonnés - c'est monotone ! Ce n'est pas un cours de grammaire, après tout. Vous n'avez plus besoin d'utiliser le format standard de 6 paragraphes.

38. N'utilisez pas de vulgarité, n'essayez pas d'être trop cool. N'essayez pas d'être vantard. N'essayez pas d'être audacieux. Sachez que les mots ont l'air aussi idiot sur l'écran que s'ils sortent de la bouche des gens. Ils sont malsains, grossiers et ne sont pas adaptés aux articles. Appuyez votre point de vue avec d'autres vocabulaires qui ne sont pas des jurons - utilisez le **thésaurus** et le **spinning** s'il le faut. Il y a plein de mots variés !

39. Toujours, toujours, toujours, toujours relire son texte - il n'y a rien de plus désagréable que de lire un article qui contient des erreurs de grammaire et d'orthographe. Prenez donc le temps de relire votre travail. Il ne s'agit pas simplement d'appuyer sur le bouton de vérification orthographique. Il faut le lire, de haut en bas, et repérer toutes ces erreurs dissimulées.

40. Soyez à jour - l'une des choses les plus importantes à enregistrer quand il s'agit de contenu, c'est que tout est lié à la date et à l'année. Si vous traiter de l'an 2000, la plupart cliqueront pour s'en aller - après tout, c'était il y a presque vingt ans. Tenez-vous au courant des évolutions politiques et de l'événementiel.

41. Parcourez les angles - il y a tellement d'angles différents que vous pouvez adopter en écrivant un article. Certains décident d'écrire des conseils informatifs, d'autres choisissent d'écrire quelque chose de polémique dans l'intention de vraiment faire réagir les lecteurs. Ces deux options, peuvent être à votre avantage. . Adaptez-les aux besoins de votre site ou blog.

42. Utilisez les tops " Top 10 " - Ils sont idéales pour les articles parce que le lecteur sait exactement ce qu'il reçoit. Les dix acteurs les plus sportifs, les cinq monuments les plus surveillés, les 10 meilleurs poèmes de tous les temps, tout cela va faire vibrer l'internaute et lui donner envie d'en savoir plus.

43. User des "Avantages et inconvénients" dans vos articles, ceci attirera le lecteur sur ce qu'il veut ou désire éviter sur un produit ou autre. Vous pouvez également énumérer les inconvénients d'une certaine personne, un certain lieu comme un Hôtel, pays... Les textes articulés autour des avis, essais, test, sont les plus lus !

Paiement Par Clic (PPC) astuces pour générer des visites

Le PPC est un moyen pour l'annonceur et le propriétaire d'un site Web de bénéficier à la fois de visites et de conversions. Les gens en lisant vos textes et articles, seront tentés de cliquer sur des annonces et pubs, ce qui engendre des clics qui vous seront payés. Chaque pub d'annonceur comme **Adsense**, que vous mettrez sur votre site, vous rapportera un supplément financier non négligeable. Compter environ 100€ par mois pour 100 visiteurs par jour.

Vous êtes payés pour les clics et non les vues, puis il y a aussi les clics qui donnent lieu à une action, PPA (paiement par action) car ce clic a donné lieu à une vente donc une action du lecteur. Vous pouvez mettre des annonces PPC sur votre site ou en créer et les proposer à des sites similaires au votre contre rémunération.

Grâce aux conseils que vous donnent dans cet e-book, il y aura, certes, un retour sur investissement (ROI), il suffit de respecter nos astuces et d'écrire des textes longs et contenant des mots clés et avec un taux de visite quotidien de 100 personnes sur votre site minimum.

Commencez avec **Google Adsense**, ça permettra de gagner une centaine d'euros, même plus.

44. Indexer votre site sur les moteurs de recherche lorsque vous faites du marketing PPC. Les sites des moteurs de recherche sont ***Google, Bing, Yahoo, DuckDuckGo, Qwant, Ecosia, StartPage, Ask***. Assure-toi de cibler ceux-là en priorité. Beaucoup de gens n'utilisent que Google, ce qui est parfait car Google contrôle plus de 50% de toute la recherche ; cependant, qu'en est-il des autre 50% ?

45. Suivre les enchères par mots-clés - les enchères par mots-clés changent constamment selon le volume de recherche mais aussi la concurrence. Vous pouvez les consulter tous les jours, vous pouvez aussi investir dans un logiciel de recherche spécifique comme KWFinder ou vous renseigner sur les stratégies Adwords, cliquez sur ce lien pour en savoir plus :

http://go.7a696e6b79z2ec616c6962656c32303131.4.1tpe.net

46. Trouvez le juste équilibre dans vos enchères - lorsque vous enchérissez pour des mots-clés, vous devez trouver le juste milieu entre être au top du

Rank ou être à la seconde page de Google. Si vous enchérissez trop, vous perdez beaucoup d'argent, cependant, si vous enchérissez trop bas, votre annonce n'apparaîtra peut-être pas avant la seconde page ou plus, la majorité des internautes ne consultent point la seconde et troisième page. Donc, visez la 3ème à la 10ème position. Cela vous permettra d'économiser plus d'argent dans votre budget et de vous assurer que vous restez dans le bon Rank (rang de page Google).

47. Restez loin des enchères, la concurrence est rude, si le taux de concurrence est élevé alors éviter de surenchérir car cela restera difficile d'avoir sa place, à part si vous payer plus, mais est-ce que vous serez gagnant après avoir payé le PPC à vos diffuseurs ?

48. Devenez un pro du PPC - Le marketing PPC n'est pas une chose que l'on sait de manière innée, c'est une science mathématique. Il faut que vous appreniez cette notion du WebMarketing, lisez des livres, faites une formation, cela aidera vos mots clés, vos liens ou pub à bien être placés, donc un bon investissement ! Voici un lien intéressant :

http://go.7a696e6b79z2ec627573696e657373393734.13.1tpe.net

49. Espionnez la concurrence - il n'y a rien de mal à faire une analyse de la concurrence, utilisez le logiciel de **Google Ads** ou **Sem Rush**. Voyez ce que vos concurrents utilisent dans leurs publicités - Quels mots-clés mettent-ils ?

 Qui sont leurs affiliés ? Observer et adaptez-vous et changez en fonction de leur stratégie PPC, soyez à jour. Sachez profiter de cette concurrence.

50. Choisissez judicieusement vos affiliés - le marketing PPC n'est pas dirigé que vers les moteurs de recherche. Vous pouvez également vous associer avec certains programmes d'affiliation pour être sûr que vos annonces soient bien placées et soient aux bons endroits, et que les personnes fassent de la publicité

pour votre site, prenez exemple sur le programme d'affiliation Amazon, comment cette enseigne engrange des millions de dollars grâce à son programme Affiliate ?.

51. Ne bombardez pas votre annonce avec tous vos produits d'affiliation ou de vente ou service - les publicités doivent être concentrées sur un seul article. La publicité sur cet article attirera la curiosité du lecteur et il voudra en savoir plus sur le produit. Si vous inscrivez simplement tous vos produits dans une publicité, vous allez ennuyer le lecteur et il aura l'impression que vous ne cherchez que vendre au détriment de l'information que lui recherche.

52. Diversifiez votre lien qui renvoie à votre site, ne renvoyez pas systématiquement à la page d'accueil, mais lier votre adwords (mot clé payant sur Google) avec une page spécifique de votre site. Ne soyez pas générale du style : Le mot clé " matelas " renvoie vers votre page d'accueil mais soyez plus précis : Matelas à ressort avec une page crée spécifiquement pour ce mot clé adwords.

53. Comprendre les catégories de mot-clé adwords, vous permettra de comparer chaque mot clé issu d'une même catégorie. Par exemple, le matelas, mot générale, mais " matelas à bulle " n'est pas comme " matelas à forme". Ainsi vous pourrez comparer chaque mot clé et voir lequel se place le mieux sur Google et ayant le plus de volume. Soyez toujours le plus précis !

54. Pour une pub en or, assurez-vous que votre pub contient un nombre correct de mots clé, pauvre en concurrence mais riche en volume. Un mot clé avec une mauvaise note selon les critères précités, aura une incidence néfaste pour votre pub.

55. Utilisez le logiciel **KWFinder** qui est gratuit pour ce que je vais vous conseiller, installer cette extension sur Google. Puis taper votre mot clé sur la barre de recherche et regarder les propositions de Google sur votre recherche et inspirez-vous de ceci pour vos titres et sous titres.

56. Saupoudrer vos textes de mots clés, trois bon mots clés pertinents dans votre texte est suffisant pour votre indexation et écrivez votre article avec les mots clés de longue traine. Comme matelas de forme à ressorts. Cette expression est une demande particulière tapée par certains internautes qui seront prêt à acheter ce produit si l'image et la description sont bien rédigées.

57. Utilisez toutes les sortes de mots-clés - apprenez quels sont les différents types de mots-clés : *correspondance exacte, correspondance de phrases et mots-clés négatifs*. Étudiez Google Adwords pour comprendre la différence entre chacun d'eux et savoir comment et où ces mots-clés vous aideront.

58. Définissez une liste de mots-clés négatifs - les mots-clés négatifs sont hyper importants dans la publicité pour s'assurer que les bonnes annonces apparaissent avec la personne concernée. En utilisant des mots-clés négatifs, vous dites ce que vous "ne vendez pas" et ciblez ainsi le bon créneau.

59. Parlez avec vos clients - voyez ce que vos clients recherchent dans leurs publicités. Demandez à vos amis, votre famille, quel mot il tapera pour tel produit ou autre.

60. La Géolocalisation et ciblage - pour ceux qui ont déclaré une zone spécifique où votre marché de niche est situé, par exemple, à Londres, alors vous pouvez géo-cibler votre publicité pour les personnes étant dans ce secteur.

61. Examinez vos publicités - il est pertinent de savoir qui sont vos clients et d'où ils viennent, même dans le monde virtuel. Utilisez les outils de Google comme Ads ou Analytics. De plus, le suivi de votre ROI (retour sur investissement) et de l'origine de vos clients peut vous aider à peaufiner votre campagne de pub, pour gagner encore plus de prospects et visites et actions.

62. Vérifier bien que votre page d'atterrissage soit correcte - Cela peut paraître logique, mais lorsque l'on atterri sur un site et qu'il est mal agencé et

qu'il ne contient pas de fil d'Ariane, alors on ne souhaite qu'une chose c'est se sauver. Donc faites des menus bien hiérarchisés et mettez des url bien en lien avec la page et le produit. Faîtes des menus en Silo, comme sur le site : *Manomano* !

Suggestions pour générer du trafic grâce aux blogs et forums

Les blogs ont envahi la toile, le fait que faire un blog soit gratuit a eu pour conséquence une prolifération de blogs et aussi de forum sur des sujets divers. Mais combien réussissent à indexer leur site même au bout de 6 mois et oui, c'est long !

Nous allons donc voir quelques astuces pour que son blog soit une source de revenu passif :

63. Faites-vous des amis parmi les blogueurs - demandez à d'autres blogueurs de visiter votre site Web, en échange d'un lien bien sûr. Le Blogging est en réalité une communauté et plus vous participez à celle-ci, plus vous aurez de succès pour générer du trafic. *Échange de lien, Article invité, citation du blog ami, interview interposée*, etc...

64. Utilisez **Woazoo** vous permettra de référencer et faire connaître votre blog, ce qui peut être excellent pour les réseaux sociaux et pour gagner du trafic. Aller sur ce site et inscrivez-vous et mettez y votre Blog, c'est aussi simple !

65. Ajoutez le lien de votre site à n'importe quel message et commentaire - faites de celui-ci une véritable signature. Chaque fois que vous postez un e-mail ajoutez un lien à la fin. Allez sur les forums comme *doctissimo* ou les blogs 2.0 comme *Médiapart*, écrivez un commentaire ou un article et collez votre lien. S'il est en *dofollow* alors l'autorité du domaine va augmenter le *rank* de votre site.

66. Écrivez un article polémique ou une controverse et susciter l'enthousiasme des lecteurs et attirer dans vos filets les contradicteurs pour faire connaitre votre site, soyez un peu invasif.

67. Bloguez souvent - Ceci est important pour le référencement, écrivez un article de *2 000 à 3 000* mots par semaine en respectant le SEO, aidez-vous du site *www.1.fr* pour définir la structure de votre article. Ajoutez-y des images, liens, vidéos, citations, statistiques, recherches scientifique ou médicale.

68. Bloguez même si vous avez un site de vente de produit, le fait d'inclure un Blog ou des tutos ou des fiches techniques, ceci va attirer du monde sur votre Blog. Regarder le site Manomano.fr combien de visites causent-ils par ces procédés. Mettez une partie blog sur votre site, comme sur le site : https://phytotherapia.fr ou https://tomberenceinte.com

69. Utiliser des applications sur vos sites qui vont attirer du monde, comme par exemple, un calculateur de calories ou un calculateur d'ovulation. Ceux sont des moyens pertinents d'attirer des visiteurs sur votre Blog.

70. Profiter des sites de questions réponses pour mettre le lien de votre site ou blog dans la niche qui est la vôtre. Vous avez par exemple : *Yahoo Answers, Quora, Reddit, Wiki Answer*, c'est un excellent moyen de gagner de la publicité gratuite et de vous faire connaître en tant qu'expert en répondant aux requêtes.

71. Restez informé avec le monde - l'une des meilleures façons de générer du trafic par le biais des blogs est d'écrire quelque chose qui est nouveau dans votre niche. Surveillez les nouvelles par le biais de Google news, abonnez-vous

aux mises à jour et restez à l'écoute des nouvelles concernant les produits et services de votre site Web.

72. Inclure des interviews de blog - interviewer quelqu'un dans votre niche est un excellent moyen de gagner du trafic vers votre blog. Bien sûr, ce n'est peut-être pas une entrevue avec Brad pitt et Angelina jolie, mais un blogueur bien connu dans votre marché de niche obtiendra le trafic que vous voulez.

73. Les liens retours (Backlinks) sont aussi très important pour votre Blog et il faut un minimum de backlinks pour que votre site soit considéré par Google, je vous conseille de payer des gens qui vont inscrire votre site dans des forums ou sites. Vous trouverez des prestations à partir de 5€ sur *5euros.com* ou *Fiverr.com*. N'hésiter pas !

Astuces supplémentaires sur la génération de trafic

Maintenant que vous avez compris les bases du référencement, du PPC, des médias sociaux et du marketing d'articles, il est temps d'utiliser l'autre partie du World Wide Web pour générer du trafic. Il y a beaucoup d'autres manières de gagner du trafic avec des astuces simples.

Ces conseils sont simples et rapides à effectuer.

74. Le bouche à oreille n'est pas négligeable, lors d'un dîner en famille, d'une réunion entre collègues, lors de sorties entre potes. N'hésitez pas à parler de votre site et à demander des commentaires pour que Google ait l'impression que votre site soit important et que des gens s'y intéressent !

75. Utiliser *Google Analytics* qui est gratuit comme l'est aussi Ubersuggest ou *Yooda* ou *Google trends*. Étudier les courbes et les comportements des clients par rapport à tel mot clé mais aussi par rapport à votre site. Les *visites, les plages horaires, les zones géographiques, le genre* etc...

76. Utilisez les *flux RSS* - syndiquer le contenu de vos sites avec des flux RSS qui mettront vos abonnés et visiteurs au courant des dernières nouvelles et des ventes.

77. Utiliser des sites agrégateurs - Ces sites diffuseront votre contenu partout sur le net. Les sites tels que :

- *Feedly*
- *Taptu*
- *The Old Reader*
- *Netvibes*
- *NewsBlur*
- *Pulse*
- *Digg Reader*

Ceux sont d'excellents syndics de flux RSS.

78. Offrez une *newsletter* et un bulletin d'information mensuel et une liste de diffusion - les listes de diffusion sont d'excellentes façons de garder vos clients fidèles à votre site. C'est un aspect important pour gagner du trafic - après tout, les clients abonnés sont souvent vos clients parmi les plus fidèles et les meilleurs.

Offrir une lettre électronique mensuelle à une liste de diffusion abonnée permettra à vos clients de rester en contact avec leurs produits préférés. Offrez du contenu, des ventes, de nouveaux produits et beaucoup d'images pour garder vos clients en haleine de vos nouveautés.

Utiliser des logiciels pour capter les e-mails et faire une liste mailing comme *Mailshimp*.

79. Utilisez des *annuaires* pour référencer votre site ou blog dans la catégorie qui correspond à votre site, la majorité sont des sites gratuits mais beaucoup sont payant ou vous réclament un lien en échange de votre inscription. La chose la plus importante à savoir sur un lien retour c'est la note d'autorité du

domaine du site, par exemple mettez le site de l'annuaire sur la barre de recherche de Ubersuggest et regarder le nombre de visite mensuelle et aussi le DA (Domaine Authority) et le TF (trust flow).

80. N'hésitez pas à inscrire votre site ou blog sur cette plateforme américaine Craigslist ou ces plateformes de contenu :

- *Infinisearch*
- *Webrankinfo*
- *Waaaouh*
- *El-Annuaire*
- *Net-Addict*

Fais des textes sur les communiqués de presse comme :

- *Infinisearch*
- *ArticlesEnLigne*
- *FaisTaCom*

81. Profites des *digglike* comme site de référencement, parmi ceux-ci :

- *Digg*
- *SpotRank*
- *Infinisearch*
- *SWCF*

Tu peux aussi utiliser une astuce peu connu, c'est de t'inscrire sur *Google business* et de mettre ton site avec quelques produits sans même payé pour de la pub, tu verras déjà ton site référencé sur Google, c'est pas mal pour un début. Tu as aussi, *HelloCoton*, n'hésites pas !

82. Inscris ton site sur plein de plateforme de contenu, de réseaux sociaux comme *Steemit*, soumets ton site sur : *https://soumettre.fr/*

Rends-toi sur les plateformes de netlinking comme GetFluence ou *RocketLink*, on ne le dira jamais autant mais les liens retours sont d'une importance capitale, sans lien retours et sans bon contenu ton site sera dans les abysses de Google et il restera inconnu.

Combien de sites ai-je vu avec 0 visite mensuelle alors que le site était responsif, beau, et au contenu intéressant !

83. Utiliser la technique du *réseautage pyramidale*, qui consiste à créer votre propre réseau de référencement et de backlinking, comment ?

Par exemple vous créer un blog sur *e-monsite.com* avec un nom différent de votre site que vous désirez propulser, puis vous créer un blog sur Médiapart par exemple. Puis vous créer un compte tweeter et un compte facebook, que vous allez alimenter sérieusement en mettant quelques articles, images, vidéos.

Puis l'objectif c'est de mettre le lien de votre site à lancé dans chaque cellule de votre réseau, sans que Google, remarque que cela provient d'une même personne, il faut au moins 10 cellules au minimum : Réseau social, forum, blog 2.0 etc...

84. Lances des vidéos *Youtube* ou *Google Vidéo*, traite des sujets liés à ta niche et parles de ton site et mets les liens sous la vidéo, ceci va attirer les gens vers ce dernier et en plus tu auras une cellule pour ton réseau de Netlinking, même si le lien est en nofollow (Non suivi par les robots de Google) sur Youtube, c'est pas grave, car avoir que des liens en dofollow va attirer les soupçons des modérateurs de Google.

85. Insère tes vidéos de niche Youtube sur tes articles dans ton site, les gens aiment qu'on leur parle et ceci va accorder de la crédibilité à ton site et les gens vont pouvoir mettre un visage sur un site.

86. N'oublie pas les *mentions légales* et les *conditions de vente*, la *page de cookies*, et les logos de sécurité et de paiement sur la première page de ton site. Une personne qui arrive sur un site et qui ne constate pas des *signes d'apaisement* ne sera pas enthousiaste pour un achat.

Si il ne constate pas de mentions légales et des conditions de vente, il va penser que ce site est une arnaque, et sache que Google est aussi pointilleux sur les conditions et mentions et cookies, après tu peux mettre tes pages en no-index aussi ce n'est pas un problème.

87. La première chose a faire avant de référencer ton site, c'est de vérifier que le *onsite* soit correct. Le **Onsite** c'est la présentation de ton site, sa rédaction, sa cohérence, qu'il ne soit pas très lourd au téléchargement que tes images soient réduites par des applications ou sites comme : https://compressjpeg.com/fr/ car un site lent qui met plus de 3 secondes à se télécharger sera mal référencé.

Puis ton site doit être interconnecté par des liens internes à ne pas confondre avec les backlinks qui sont les liens externes qui proviennent d'autres sites que le tien. Par exemple si tu vends des chaussures mets un lien vers un article de ton blog sur les chaussures, tous ces liens internes avec un fil d'Ariane et un menu bien hiérarchisé vont permettre aux robots de Google de se promener dans ton site à son aise et de bien indexé les pages.

88. Utilisez **Flickr** et **Pinterest**, peu de gens le savent mais les images sont un moyen pertinent de gagner en SEO. Il n'y a pas que le contenu texte, mais aussi les photos et images. Chaque image principale de votre blog ou produit doit être modifiée et porté votre empreinte visuelle que ce soit un logo ou une transformation graphique, car elle doit se distinguer des autres. Ainsi Google la mettra sur Google image et l'Url de votre site y sera consignée, il est conseillé d'y mettre votre logo et votre identité visuelle, couleur, forme etc...

89. Utilisez un **Favicon-** Uploader un fichier favicon.gif pour que vos utilisateurs aient une icône attirante lorsqu'ils marquent votre site dans leurs favoris. C'est un outil simple mais important qui peut faire beaucoup de

différence. C'est un peu la mascotte de votre site, d'ailleurs c'est un indicateur lors de l'analyse SEO de votre site.

90.   N'hésitez pas à investir dans un *thème wordpress*, c'est certes, un investissement, mais ceci va vous permettre de profiter des widgets, des pages d'exemple, des CSS, du template. Par exemple *divi* est l'un des plus connus, votre site paraîtra professionnel et il lui faut son propre nom de domaine, .info pour un site en affiliation ou .fr ou .com pour un site de vente direct ou par dropshipping.

Voici un lien pas mal pour faire savoir comment faire un site wordpress pro : http://go.7a696e6b79z2ec62656e6d.1.1tpe.net

L'étape du Revamping et du Outsite pour générer un trafic concret

Nous vous avons donné des astuces avec le marketing d'article, le **blogging**, le **PPC** et le **SEO** et **Netlinking**. Maintenant, vous avez besoin de mettre tout cela en pratique et en cohésion et de lancer cette automobile que vous avez construit sur un circuit en l'occurrence la toile du net.

Vous n'avez pas le droit à l'erreur, réussir à pousser les gens à cliquer sur votre site est votre finalité avec la vente. Si vous avez construit votre site avec wordpress alors vous suffira prés avoir vérifié la vitesse du site avec **PageSpeed Insights** de Google.

Puis demandez à vos amis de visiter votre site et de donner leur avis sur ce qui les dérange de premier abord sans parler des gouts et des couleurs ! Puis aller sur la **Search Console** de Google et inscrivez votre site en mettant une balise Méta que vous donnera Google vous la mettrez dans la section Head Html de votre site.

Ne soit pas pressé il faut compter environ 6 mois avant qu'un site soit propulsé, en attendant ne lésinez pas sur l'écriture d'article de Blog, rajouter des produits, parler de votre site sur les forums, sur Youtube etc...

Important : Ne soyez pas pris de désespoir après l'analyse de votre site en vous rendant compte qu'il y a peu de visite, on a dit **6 mois environ**, donc patienter et respecter ce que je vous ai conseillé !

91.   Attirer les gens par les *sondages et les Quizz*, c'est une manière ludique d'attirer du monde sur votre site, il existe des sites avec des applications à paramétrer et ensuite à installer sur votre site comme :
https://www.fyrebox.com/fr/

92.   Faîtes une *page facebook* qui porte le même nom que votre site, alimentez le et invitez y des amis, puis installer un *pixel* que vous allez relier à Wordpress ou autre, ceci va faciliter vos campagnes publicitaires et redirigez une partie de vos prospects sur votre Blog ou site de produits en ligne.

93.   Les commentaires sont importants sur vos produits, Google y prête une attention particulière car c'est le gage de qualité de votre marchandise. Vous pouvez importer des commentaires Amazon grâce à *ScrapeAzon*.

94.   Offrir un cadeau est un bon moyen d'attirer les gens qui recherchent du gratuit et ils représentent 80%, proposez gratuitement un e-book à télécharger ou offrez un petit cadeau qui ne dépassent pas les 1€, en plus de votre produit, cela vous distinguera, augmentera votre taux de conversion.

Vous pourrez aussi capter les e-mails avec Mailshimp et vous aurez avec le temps un bon listing pour envoyer vos pubs et articles de newsletters.

95.   Soyez présents sur les *pages jaunes* et indiquez bien votre numéro de téléphone ainsi que votre émail, les gens seront en confiance, un site sans

contact téléphone ou e-mail suscite la suspicion ! Skype aussi est pas mal ! Prenez exemple sur le site : *https://phytotherapia.fr*

96. Animez vos articles, un article composé uniquement que de texte, paraîtra monotone et ennuyeux et dur à lire. Mettez des images, le copier-coller suffira, faîtes attention à supprimer tout lien web de l'image à l'exception de votre url. Entrecoupez les paragraphes de citations, titres colorés, logos, vidéos, liens d'autres articles...

Par exemple cet article, respecte ceci :

https://phytotherapia.fr/llr-g5-silicium-organique-remede-miracle-anti-arthrose/

97. Créez une page *404 personnalisée* avec une image gif, qui sera moins stressante que la page d'origine. Éviter les liens morts, qui n'aboutissent pas sur une page de vente ou de Blog, installez : *Broken Link Checker* sur WP.

Pensez à prendre un plugging de redirection 301 sur les pages de votre site, pour éviter que des urls soient tapés par des visiteurs et qu'elles n'aboutissent pas sur votre page d'accueil ou autre, installez : *Redirection* sur WP.

98. Assurez-vous que votre site soit en *SSL*, ceci est important car c'est un critère de sécurité très prisé par les internautes et visiteurs. Installez ce plugging : *Really Simple SSL*, pour confirmer la certification SSL sur votre site.

99. Faîtes attention, lorsque vous soumettez votre site sur la Search Console ou sur des sites de référencement, annuaire, forum… Ne soumettez que la forme du domaine que vous avez acheté au début.

 Je m'explique, il y a une différence entre https://phyto.fr et https:/ /www.phyto.fr ou http://phyto.fr etc… Ne pas respecter cette nuance c'est créer un nombre différents de page et des duplicata qui vont vous rétrograder lors de l'indexation et vous forceront à rediriger toute vos pages web.

100. Prévoyez un bon *site d'hébergement* en ligne pour que votre site puisse bénéficier d'une capacité suffisante en mémoire RAM mais aussi en CPU, Mémoire du disque. Un site lent qui met du temps à se charger et à répondre est propice à éloigner les visiteurs.

Privilégier un hébergeur multi-sites, ceci vous permettra d'héberger plusieurs sites en affiliation ou vente direct ou drop.

Je vous conseille cet hébergeur qui offre de bonnes solutions pour un prix très concurrentiel : https://www.planethoster.com/goph-menad-benchellali

Conclusion

Nous voilà à la fin de ce livret, nous avons abordé qu'une partie du **SEO**, il y a tellement de choses à dire, ce ne sont que des astuces et suggestions, amplifiez vos connaissances en vous référant aux vocabulaires SEO abordés dans notre e-book.

Il faut que vous agissiez par étapes : *Choix de la niche, choix du nom de domaine, construction du onsite, lancement du site par le outsite et référencement, patience pendant au moins 3 mois minimum à 6 mois* pour que le site soit lancé, à part si vous avez récupéré un domaine expiré ce qui est aussi une bonne opportunité pour éviter d'attendre 6 longs mois.

Je pense que l'étape la plus importante, au début, qui influera sur l'ensemble de la création de votre site est *le choix de la niche.* Une niche concurrentielle comme le secteur du Sport ou de la Beauté est très embouteillée, à part si vous vous spécialisé sur un produit spécifique comme la bave d'escargot comme anti-ride.

Donc rappelez-vous un mot clé qui correspond à une bonne niche doit se situer entre 0 et 35 pas plus ! Vérifiez-le grâce à **Ubersuggest**, **Google trends**, **Yooda**, **Yakaferci**, **KWfinder**…

Utiliser le maximum d'application pour bénéficier d'un bon rendement SEO, allez sur « **Answer the public** » et recherchez les questions pertinentes tapées par les internautes.

Cherchez le vocabulaire SEO qui pivote autour de l'axe de votre mot clé principal à l'aide de l'application **1.fr** ou **Google Correlate.**

Faîtes l'analyse constante de votre site, grâce à : https://ranxplorer.com/ et réparer les erreurs trouvés sur votre site. Si vous n'avez pas le temps d'écrire des articles ou si vous ne connaissez rien en SEO, profitez alors du site :

5euros.com ou fiverr.com, vous y trouverez des rédacteurs, des designers, des spécialistes en SEO…

Relisez bien le contenu depuis le début et repasser au crible votre site et bonne chance pour le lancement de votre site.

www.ingramcontent.com/pod-product-compliance
Lightning Source LLC
Chambersburg PA
CBHW030552220526
45463CB00007B/3067